一八五九	三十七さい	江戸《えど》に帰《かえ》り、軍艦操練所教授方頭取《ぐんかんそうれんじょきょうじゅかたとうどり》となる
一八六〇	三十八さい	咸臨丸《かんりんまる》の艦長《かんちょう》となってアメリカにわたる
一八六四	四十二さい	五月《がつ》、軍艦奉行《ぐんかんぶぎょう》になる。神戸《こうべ》に海軍操練所《かいぐんそうれんじょ》が設置《せっち》される 十一月《がつ》、軍艦奉行《ぐんかんぶぎょう》をやめさせられる
一八六五	四十三さい	神戸海軍操練所《こうべかいぐんそうれんじょ》が廃止《はいし》される
一八六六	四十四さい	五月《がつ》、ふたたび軍艦奉行《ぐんかんぶぎょう》になり、会津《あいづ》と薩摩《さつま》のあいだをとりもつ 九月《がつ》、長州藩《ちょうしゅうはん》の説得《せっとく》に成功《せいこう》するが、軍艦奉行《ぐんかんぶぎょう》をやめる
一八六七	四十五さい	十月《がつ》、徳川慶喜《とくがわよしのぶ》が大政奉還《たいせいほうかん》をする
一八六八	四十六さい	一月《がつ》、明治政府《めいじせいふ》が成立《せいりつ》。鳥羽《とば》・伏見《ふしみ》の戦《たたか》い 陸軍総裁《りくぐんそうさい》となる 三月《がつ》、西郷隆盛《さいごうたかもり》と会見《かいけん》する 四月《がつ》、江戸城《えどじょう》の無血開城《むけつかいじょう》を実現《じつげん》する
一八六九	四十七さい	戊辰戦争《ぼしんせんそう》が終《お》わる
一八七二	五十さい	海軍大輔《かいぐんたゆう》となり、以降《いこう》は参議兼海軍卿《さんぎけんかいぐんきょう》などを歴任《れきにん》
一八九九	七十七さい	一月《がつ》十九日《にち》、病気《びょうき》でなくなる

この本《ほん》について

『よんで しらべて 時代《じだい》がわかる ミネルヴァ日本《にほん》歴史人物伝《れきしじんぶつでん》』シリーズは、日本《にほん》の歴史上《れきしじょう》のおもな人物《じんぶつ》をとりあげています。

前半《ぜんはん》は史実《しじつ》をもとにした物語《ものがたり》になっています。有名《ゆうめい》なエピソードを中心《ちゅうしん》に、その人物《じんぶつ》の人生《じんせい》や人《ひと》がらなどを楽《たの》しく知《し》ることができます。

後半《こうはん》は解説《かいせつ》になっていて、人物《じんぶつ》だけでなく、その人物《じんぶつ》が生《い》きた時代《じだい》のことも紹介《しょうかい》しています。物語《ものがたり》をよんだあとに解説《かいせつ》をよめば、より深《ふか》く日本《にほん》の歴史《れきし》を知《し》ることができます。

歴史《れきし》は少《すこ》しにがてという人《ひと》でも、絵本《えほん》をよんで楽《たの》しく学《まな》ぶことができます。歴史《れきし》に興味《きょうみ》がある人《ひと》は、解説《かいせつ》をよむことで、さらに歴史《れきし》にくわしくなれます。

■解説《かいせつ》ページの見《み》かた

人物《じんぶつ》についてくわしく解説《かいせつ》するページと時代《じだい》について解説《かいせつ》するページがあります。

文中《ぶんちゅう》の青《あお》い文字《もじ》は、31ページの「用語解説《ようごかいせつ》」で解説《かいせつ》しています。

写真《しゃしん》や地図《ちず》など理解《りかい》を深《ふか》める資料《しりょう》をたくさんのせています。

「もっと知《し》りたい！」では、その人物《じんぶつ》にかかわる博物館《はくぶつかん》や場所《ばしょ》、本《ほん》などを紹介《しょうかい》しています。

「豆《まめ》ちしき」では、人物《じんぶつ》のエピソードや時代《じだい》にかんする基礎知識《きそちしき》などを紹介《しょうかい》しています。

よんでしらべて時代がわかる
ミネルヴァ 日本歴史人物伝

勝海舟《かつかいしゅう》

徳川幕府の最後の交渉人

監修 大石 学
文 西本 鶏介
絵 おくやま ひでとし

もくじ

ミネルヴァ書房

江戸城《えどじょう》のいくさをふせいだ男《おとこ》

勝海舟《かつかいしゅう》は呼《よ》び名《な》を麟太郎《りんたろう》といい、さむらいの子《こ》として江戸《えど》に生《う》まれました。さむらいといっても父《ちち》の小吉《こきち》は禄高《ろくだか》の低《ひく》い旗本《はたもと》で、そのくらしは天井板《てんじょういた》をはがしてまきにするほどのまずしさでした。それでも、小吉《こきち》はちゃきちゃきの江戸《えど》っ子《こ》で人情《にんじょう》にもろく、こまっている人《ひと》を見《み》ると助《たす》けずにはいられません。剣《けん》の達人《たつじん》でありながら出世《しゅっせ》をあきらめ、まちの人《ひと》たちの相談相手《そうだんあいて》としてしたわれていました。

ところがむすこの麟太郎《りんたろう》には「将来《しょうらい》、天下《てんか》をすくうような男《おとこ》になれ」と、小《ちい》さいころからよみかきをならわせ、親《しん》せきの道場《どうじょう》で剣術《けんじゅつ》のけいこをさせました。麟太郎《りんたろう》が十五さいになったとき、小吉《こきち》は学問《がくもん》もできる島田虎之助《しまだとらのすけ》という剣術《けんじゅつ》の先生《せんせい》に「金《かね》をはらわぬかわりにすみこみではたらかせるから、むすこを弟子《でし》にしてほしい。」とたのみました。

入門《にゅうもん》をゆるされた麟太郎《りんたろう》のきびしい修行《しゅぎょう》がはじまりました。剣術《けんじゅつ》のけいこと書物《しょもつ》の勉強《べんきょう》がすめば、めしたき、まきわり、せんたく、そうじ、ふろたきと休《やす》むひまもありません。しかしどんなにつらくても麟太郎《りんたろう》は歯《は》をくいしばってがんばりました。

冬《ふゆ》には死《し》ぬほどつらい寒《かん》げいこがはじまります。一日《にち》のけいこがすみ、夜《よる》になると道場《どうじょう》のある浅草新堀《あさくさしんぼり》から向島《むこうじま》にある王子権現《おうじごんげん》までけいこ着《ぎ》一枚《まい》になり、はだしのままかけつけ、拝殿《はいでん》のまえの石《いし》の上《うえ》にすわって目《め》をつぶります。そして心《こころ》がしずまると、たちあがって何《なん》度《ど》も木刀《ぼくとう》をふります。これを五、六回《かい》くりかえして、夜明《よあ》けごろ、道場《どうじょう》へもどります。

寒《さむ》さとねむけに負《ま》けそうになっても麟太郎《りんたろう》はこの寒《かん》げいこをやすまずにやりとげ、

「さすがは、小吉《こきち》どののせがれだけのことはある。」

と、島田先生《しまだせんせい》を感心《かんしん》させました。さらには先《せん》生《せい》の命《めい》で、牛島《うしじま》（いまの東京都墨田区《とうきょうとすみだく》）の弘《こう》

福寺《ふくじ》にかよって座禅《ざぜん》を組《く》み、心《こころ》をきたえました。こうして何年間《なんねんかん》もまじめに修行《しゅぎょう》したおかげで、麟太郎《りんたろう》は一八四三年《ねん》（天保《てんぽう》十四年《ねん》）二十一さいのとき、直心影流《じきしんかげりゅう》の免許皆伝《めんきょかいでん》（卒《そつ》業証書《ぎょうしょうしょ》）をもらい、先生《せんせい》の代理《だいり》の出《で》げいこで江戸《えど》のあちこちにある各藩《かくはん》の屋敷《やしき》へ出《で》かけるようになりました。

ある日《ひ》、島田先生《しまだせんせい》は麟太郎《りんたろう》をよんでいいました。

「もうわたしが教《おし》えるものはないほどに、そなたの剣《けん》は上達《じょうたつ》した。剣《けん》だけでなく座禅《ざぜん》によって精神《せいしん》を集中《しゅうちゅう》し、心《こころ》をおさめることもできた。しかし、もうこれからは剣《けん》だけで生《い》きる時代《じだい》ではなくなった。外国《がいこく》とはりあうにはオランダの兵学《へいがく》を学《まな》び、西洋式《せいようしき》の戦《たたか》いかたを知《し》らなくてはいけない。そなたも

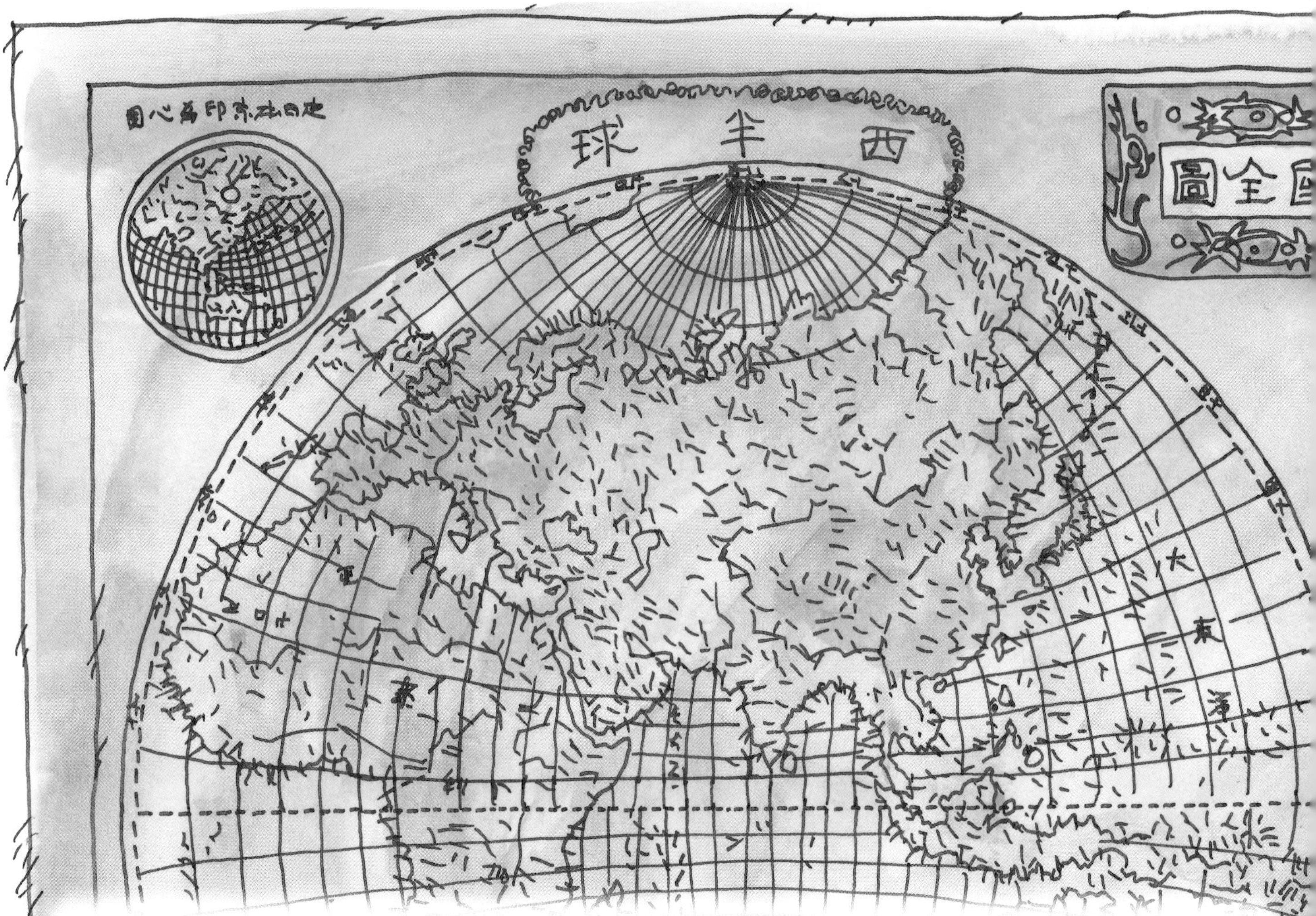

いまから蘭学《らんがく》をはじめろ。」

そういえばいつか、先生《せんせい》につれられて、ひそかに西洋兵式《せいようへいしき》の実演《じつえん》を見《み》にいき、大砲《たいほう》や鉄砲《てっぽう》をつかっての、みごとな軍事訓練《ぐんじくんれん》やその武器《ぶき》の威力《いりょく》に、度肝《どぎも》をぬかれたことを思《おも》いだしました。

「わかりました。まずはオランダ語《ご》を学《まな》ぶことからはじめます。」

鱗太郎《りんたろう》はさっそく蘭学《らんがく》の先生《せんせい》をさがすことにしました。しかし、お金《かね》もなく、髪《かみ》はぼさぼさで、よれよれの着物《きもの》を着《き》た鱗太郎《りんたろう》を引《ひ》きうけてくれる蘭学者《らんがくしゃ》はいませんでした。

それでも、福岡藩士《ふくおかはんし》で、赤坂溜池《あかさかためいけ》の黒田家《くろだけ》の屋敷《やしき》にすむ永井青崖《ながいせいがい》という蘭学者《らんがくしゃ》が鱗太郎《りんたろう》のあつい思《おも》いを知《し》り、こころよく入門《にゅうもん》をゆるしてくれました。このとき、鱗太郎《りんたろう》は二十三さい、結婚《けっこん》して赤坂田町《あかさかたまち》のぼろ家《や》へうつると、覚悟《かくご》を決《き》めて奥《おく》さんにいいました。

「お前《まえ》には苦労《くろう》をかけるが、これから蘭学《らんがく》の勉強《べんきょう》をはじめる。」

ふたたびきびしい修行《しゅぎょう》がはじまりました。昼間《ひるま》は剣道《けんどう》を教《おし》え、夜《よる》は永井先生《ながいせんせい》のもとで蘭《らん》学《がく》を学《まな》び、夜《よる》おそくもどると、こんどはひとりで勉強《べんきょう》をつづけます。ねむくなると、自分《じぶん》で自分《じぶん》のからだをつねって目《め》をさまし、それでもだめなときは頭《あたま》から水《みず》をかぶりました。しかし、なによりもつらいのは、金《かね》がなくて蘭学《らんがく》の本《ほん》が買《か》えないことでした。

一八四七年《ねん》（弘化四年《こうかねん》）のある日《ひ》、書店《しょてん》で『ズーフハルマ』という五十八巻《かん》もある蘭和《らんわ》辞書《じしょ》を見《み》つけました。先生《せんせい》のところにもない貴重《きちょう》な辞書《じしょ》で、これがあれば蘭学《らんがく》の勉強《べんきょう》にどれほど役《やく》だつことか。値段《ねだん》をきけば六十両《りょう》（いまの約《やく》三百万円《びゃくまんえん》）といいます。なんとしてもその辞書《じしょ》をほしくなった麟太郎《りんたろう》は、ふたたび書《しょ》店《てん》をたずね、一年《ねん》に十両《りょう》の年賦《ねんぶ》で売《う》ってほしいといいましたが、すでに売《う》れてしまったあとでした。がっかりした麟太郎《りんたろう》は、書店《しょてん》の主《しゅ》人《じん》から辞書《じしょ》の買《か》い主《ぬし》が麻布飯倉《あざぶいいくら》にすむ医者《いしゃ》であることをききだし、その医者《いしゃ》の家《いえ》へ出《で》かけ、

「一年《ねん》に十両《りょう》しはらうから、この辞書《じしょ》をかきうつさせてください。」

と、たのみました。

「そんなこと、できるわけがなかろう。」

「いや、かならず一年《ねん》でかきうつします。」

麟《りん》太《た》郎《ろう》は必《ひっ》死《し》でたのみこみ、永《なが》井《い》先《せん》生《せい》からかりてきた二両《りょう》を医《い》者《しゃ》にわたし、まずは一巻《かん》と二巻《かん》をかりだし、その夜《よる》からかきうつすことにしました。もはや昼《ひる》も夜《よる》もなくなりました。剣《けん》道《どう》の出《で》げいこもことわり、ひたすら辞《じ》書《しょ》のかきうつしに没《ぼっ》頭《とう》しました。夏《なつ》は蚊《か》になやまされ、冬《ふゆ》はふすまがないのでふきこむ寒《かん》風《ぷう》にふるえました。それでも一年《ねん》をかけて五十八巻《かん》のすべてを二部《ぶ》ずつかきうつすことができました。

「ありがとう。お前《まえ》にも苦《く》労《ろう》をかけた。」

麟《りん》太《た》郎《ろう》は、奥《おく》さんの手《て》をにぎっていいました。

しかし、はじめの二両《りょう》をわたしただけで、あとの八両《りょう》も未《み》ばらいのままでした。それを知《し》った永《なが》井《い》先《せん》生《せい》は六十両《りょう》を手《て》文《ぶん》庫《こ》（書《しょ》類《るい》や手《て》紙《がみ》をいれる小《こ》箱《ばこ》）から出《だ》していいました。

「よくぞがんばった。そのかきうつしの一部《ぶ》をわたしが買《か》おう。二両《りょう》の借《しゃっ》金《きん》も棒《ぼう》引《び》きだ。」

よろこんだ麟《りん》太《た》郎《ろう》はすぐに医《い》者《しゃ》のところへ行《い》き、

「本《ほん》当《とう》に長《なが》いあいだ、たいせつな書《しょ》物《もつ》をかしていただき、ありがとうございました。」

と、八両《りょう》をわたそうとしたら、

「あなたのがんばりには頭《あたま》がさがりました。あなたのような人《ひと》にわたしの書《しょ》物《もつ》が役《やく》だってなによりです。」

と、いって、どうしてもうけとりませんでした。

　こうした努力《どりょく》が実《み》をむすんで、一八五〇年《ねん》（嘉《か》永《えい》三年《ねん》）ごろ、麟《りん》太《た》郎《ろう》は二十八さいで蘭学《らんがく》や西洋《せいよう》の兵学《へいがく》を教《おし》える塾《じゅく》をひらくことができました。

　一八五三年《ねん》（嘉《か》永《えい》六年《ねん》）、アメリカのペリーが日本《にほん》の開《かい》国《こく》をもとめ、四せきの軍艦《ぐんかん》をひきいて浦賀沖《うらがおき》へやってきました。鎖国《さこく》か開国《かいこく》か、対応《たいおう》にこまった幕府《ばくふ》は、大名《だいみょう》から旗《はた》本《もと》まで広《ひろ》く意見《いけん》をもとめることにしました。

　その年《とし》、麟《りん》太《た》郎《ろう》は海舟《かいしゅう》と名《な》をかえ、「海防意見書《かいぼういけんしょ》」をかいて提出《ていしゅつ》しました。身分《みぶん》の上《じょう》下《げ》をとわず、すぐれた人材《じんざい》を

採用《さいよう》して外国《がいこく》と貿易《ぼうえき》してその利益《りえき》を国防費《こくぼうひ》にあて、兵制《へいせい》を西洋式《せいようしき》にあらため、その教練《きょうれん》所《じょ》をつくるというものです。

この意見書《いけんしょ》が幕府《ばくふ》の重役《じゅうやく》の目《め》にとまり、めしだされることになりました。それから二年後《ねんご》の三十三さいのときには長崎海軍伝習所《ながさきかいぐんでんしゅうじょ》（幕府《ばくふ》の海軍《かいぐん》教育《きょういく》をするところ）の伝習生《でんしゅうせい》に命《めい》じられ、オランダ人《じん》から近代的《きんだいてき》な航海術《こうかいじゅつ》を教《おそ》わることができました。それから四年《ねん》後《ご》、江戸《えど》へもどった海舟《かいしゅう》は、三十七さいの若《わか》さで軍艦操練《ぐんかんそうれん》所教授方頭取《じょきょうじゅかたとうどり》となりました。

その翌年《よくとし》の一八六〇年《ねん》（万延元年《まんえんがんねん》）、「日米修好通商条約《にちべいしゅうこうつうしょうじょうやく》」の正式文書交換《せいしきぶんしょこうかん》のため、日本《にほん》の使節《しせつ》がアメリカへ行《い》くことになりました。

アメリカの軍艦《ぐんかん》ポーハタン号《ごう》におともする日本《にほん》の木造蒸気船《もくぞうじょうきせん》「咸臨丸《かんりんまる》」に福沢諭吉《ふくざわゆきち》など、約《やく》九十人《にん》の日本人《にほんじん》がのりこみ、浦賀港《うらがこう》を出発《しゅっぱつ》しました。その「咸臨丸《かんりんまる》」の艦長《かんちょう》となったのが、だれあろう勝海舟《かつかいしゅう》でした。

帰国《きこく》して四年後《ねんご》、海舟《かいしゅう》は軍艦奉行《ぐんかんぶぎょう》となり、神戸《こうべ》に操練所《そうれんじょ》をつくり全国《ぜんこく》から若者《わかもの》を集《あつ》めて新《あたら》しい航海術《こうかいじゅつ》を学《まな》ばせました。しかし、その若者《わかもの》のなかに反幕府《はんばくふ》の者《もの》がいたことから海舟《かいしゅう》も責任《せきにん》をとらされ、謹慎《きんしん》を命《めい》じられました。

一八六七年《ねん》（慶応《けいおう》三年《ねん》）、最後《さいご》の徳川将軍《とくがわしょうぐん》慶喜《よしのぶ》が大政奉還《たいせいほうかん》をし、翌年《よくとし》、明治政府《めいじせいふ》が生《う》まれました。朝廷《ちょうてい》が幕府《ばくふ》からすべての役《やく》や領地《りょうち》をとりあげたことにいきおいをかりて、その年《とし》の一月《がつ》、新政府《しんせいふ》の薩摩《さつま》と長州《ちょうしゅう》の軍《ぐん》が京都《きょうと》で旧幕府軍《きゅうばくふぐん》にいくさをしかけました。結果《けっか》は旧《きゅう》幕府軍《ばくふぐん》の完敗《かんぱい》で、慶喜《よしのぶ》はあわてて大阪《おおさか》から船《ふね》にのり江戸城《えどじょう》へにげもどりました。政府軍《せいふぐん》は旧幕府軍《きゅうばくふぐん》を攻撃《こうげき》するため、江戸《えど》へちかづきつつあるといいます。

海舟《かいしゅう》は、元幕府《もとばくふ》の重臣《じゅうしん》たちに「なんとか助《たす》けてくれ」と手《て》をあわされました。もし、政《せい》府軍《ふぐん》が江戸《えど》をせめることになれば何十万《なんまん》という罪《つみ》のない人間《にんげん》がいくさにまきこまれて死《し》ぬことになります。それを思《おも》うとぐずぐずしていられません。

海舟《かいしゅう》は三月《がつ》十四日《か》、江戸《えど》の薩摩藩屋敷《さつまはんやしき》にいる西郷隆盛《さいごうたかもり》のところへかけつけました。幕府《ばくふ》派《は》と倒幕派《とうばくは》のちがいはあっても、ふたりはたがいに正義感《せいぎかん》の強《つよ》い人物《じんぶつ》として尊敬《そんけい》しあってきました。

「西郷《さいごう》さん、江戸城《えどじょう》をせめるのはやめてください。そんなことをしたら江戸《えど》が火《ひ》の海《うみ》になってしまう。」

海舟《かいしゅう》がいいました。

「ならば、降参《こうさん》して江戸城《えどじょう》を明《あ》けわたしてください。約束《やくそく》してくださるなら、明日《あした》の総《そう》攻撃《こうげき》は中止《ちゅうし》させます。」

「ありがとう西郷《さいごう》さん。いまや日本《にほん》のまわりは外国《がいこく》の敵《てき》だらけだ。そんなときに徳川《とくがわ》だ、薩長《さっちょう》だと争《あらそ》っている場合《ばあい》じゃないぜ。」

「おっしゃるとおり。おいどんもそう思《おも》う。」

ふたりは顔《かお》を見《み》あわせ、深《ふか》くうなずきあいました。

江戸城《えどじょう》へもどった海舟《かいしゅう》は最後《さいご》まで新政府軍《しんせいふぐん》と戦《たたか》いたいという幕臣《ばくしん》たちを必死《ひっし》に説得《せっとく》してまわり、四月《がつ》十一日《にち》、一てきの血《ち》をながすこともなく、江戸城《えどじょう》の明《あ》けわたしを成功《せいこう》させました。二百《ひゃく》六十年《ねん》以上《いじょう》もつづいた江戸時代《えどじだい》は終《お》わり、明治《めいじ》という新《あたら》しい時代《じだい》がやってきたのです。

海舟《かいしゅう》は明治新政府《めいじしんせいふ》でも、海軍大輔《かいぐんたゆう》や参議兼《さんぎけん》海軍卿《かいぐんきょう》に任《にん》じられ、一八九九年《ねん》（明治《めいじ》三十二年《ねん》）、七十七さいで、この世《よ》をさりました。

勝海舟《かつかいしゅう》って どんな人《ひと》？

幕府《ばくふ》につかえて江戸時代《えどじだい》の終《お》わりを生《い》きた勝海舟《かつかいしゅう》とは、どのような人《ひと》だったのでしょうか。

まずしい旗本《はたもと》の長男《ちょうなん》

勝海舟《かつかいしゅう》（通称《つうしょう》は麟太郎《りんたろう》）は、一八二三年《ねん》（文政《ぶんせい》六年《ねん》）一月《がつ》三十日《にち》、江戸《えど》の本所亀沢町《ほんじょかめざわちょう》（いまの東京都墨田区亀沢《とうきょうとすみだくかめざわ》）で生《う》まれました。父親《ちちおや》の勝小吉《かつこきち》は無役《むやく》（決《き》まった役職《やくしょく》のない）の旗本《はたもと》でした。家禄《かろく》は約《やく》四十石《こく》で、非常《ひじょう》に苦《くる》しい生活《せいかつ》でした。

成長《せいちょう》した麟太郎《りんたろう》は、いとこの男谷精一郎《おだにせいいちろう》の剣術道場《けんじゅつどうじょう》にかよい、直心影流《じきしんかげりゅう》という流派《りゅうは》の免許皆伝《めんきょかいでん》をうけました。

一八四五年《ねん》（弘化《こうか》二年《ねん》）には、江戸《えど》の蘭学者《らんがくしゃ》・永井青崖《ながいせいがい》に入門《にゅうもん》、蘭学《らんがく》を学《まな》びました。そして、生活《せいかつ》のために、赤坂田町《あかさかたまち》（いまの東京都港区《とうきょうとみなとく》）に蘭学《らんがく》や西洋兵学《せいようへいがく》を教《おし》える私塾《しじゅく》をひらきました。

意見書《いけんしょ》で幕府《ばくふ》に認《みと》められる

一八五三年《ねん》（嘉永《かえい》六年《ねん》）、アメリカ海軍《かいぐん》・ペリーの艦隊《かんたい》が日本《にほん》にきました。開国《かいこく》をせまる外国《がいこく》にどう対処《たいしょ》すればいいか、老中《ろうじゅう》（江戸幕府《えどばくふ》で政治《せいじ》を担当《たんとう》する、最高《さいこう》役職《やくしょく》）の阿部正弘《あべまさひろ》は、大名《だいみょう》や幕府《ばくふ》の重役《じゅうやく》たちに意見《いけん》をもとめました。

役職《やくしょく》のない旗本《はたもと》などにも意見《いけん》を出《だ》す機会《きかい》があたえられたので、海舟《かいしゅう》も「海防意見書《かいぼういけんしょ》（船《ふね》をつくり、軍備《ぐんび》をととのえて海《うみ》をまもるための考《かんが》え）」を提出《ていしゅつ》しました。これが阿部老中《あべろうじゅう》や幕府家臣《ばくふかしん》の大久保一翁《おおくぼいちおう》の目《め》にとまり、海舟《かいしゅう》は幕府内《ばくふない》の重要《じゅうよう》な仕事《しごと》をまかされるようになります。

1823〜1899年《ねん》

戦《たたか》う機会《きかい》はあまりなかったが、海舟《かいしゅう》は剣術《けんじゅつ》の達人《たつじん》だった。
（名古屋市博物館所蔵《なごやしはくぶつかんしょぞう》）

海舟《かいしゅう》が私塾《しじゅく》をひらいたころ、蘭学者《らんがくしゃ》・佐久間象山《さくましょうざん》からもらった書《しょ》の額《がく》。海舟《かいしゅう》の名《な》はここからとったといわれる。（「海舟書屋《かいしゅうしょおく》」佐久間象山筆《さくましょうざんひつ》）　（Image：東京都歴史文化財団《とうきょうとれきしぶんかざいだん》イメージアーカイブ）

長崎《ながさき》の海軍伝習所《かいぐんでんしゅうじょ》へ派遣《はけん》される

一八五五年《ねん》（安政《あんせい》二年《ねん》）、海舟《かいしゅう》は海軍《かいぐん》について学《まな》ぶよう命《めい》じられ、長崎海《ながさきかい》軍伝習所《ぐんでんしゅうじょ》に派遣《はけん》されました。オランダ海軍《かいぐん》の軍人《ぐんじん》から航海術《こうかいじゅつ》や造船《ぞうせん》の技術《ぎじゅつ》などの蘭学《らんがく》を教《おそ》わりました。海舟《かいしゅう》はオランダ語《ご》にすぐれていたので、すぐに伝《でん》習所《しゅうじょ》の中心人物《ちゅうしんじんぶつ》となり、伝習所《でんしゅうじょ》の練習《れんしゅう》艦《かん》である咸臨丸《かんりんまる》の艦長《かんちょう》の役割《やくわり》もまかされました。

1855年《ねん》（安政《あんせい》２年《ねん》）から４年《ねん》にわたり、長崎海軍伝習所《ながさきかいぐんでんしゅうじょ》では海軍技術《かいぐんぎじゅつ》や化学《かがく》、測量《そくりょう》などが教《おし》えられた。（「長崎海軍傳習所《ながさきかいぐんでんしゅうじょ》練習艦観光丸《れんしゅうかんかんこうまる》 並《ならびに》出島和蘭屋敷図《でじまオランダやしきず》」 財団法人鍋島報效会所蔵《ざいだんほうじんなべしまほうこうかいしょぞう》）

咸臨丸《かんりんまる》と神戸《こうべ》海軍操練所《かいぐんそうれんじょ》

一八六〇年《ねん》（安政《あんせい》七年《ねん》）一月《がつ》、海舟《かいしゅう》は咸臨丸《かんりんまる》の艦長《かんちょう》となってアメリカにわたります。一八五八年《ねん》（安政《あんせい》五年《ねん》）に幕府《ばくふ》とアメリカ政府《せいふ》のあいだでむすばれた**日米修好通商条約《にちべいしゅうこうつうしょうじょうやく》**に同意《どうい》する文書《ぶんしょ》を交換《こうかん》するためです。この船《ふね》には幕府《ばくふ》の役人《やくにん》のほか、福沢諭吉《ふくざわゆきち》⬇29ページや通訳《つうやく》のジョン万次郎《まんじろう》⬇29ページものっていました。海舟《かいしゅう》は進《すす》んだアメリカの文化《ぶんか》にふれ、日本《にほん》もいつまでも鎖国《さこく》をしていてはだめだと考《かんが》えるようになりました。

そのころ幕府《ばくふ》は、外国《がいこく》の圧力《あつりょく》から日《に》本《ほん》をまもるために、本格的《ほんかくてき》に海軍《かいぐん》をつくろうとしていました。海舟《かいしゅう》が意見書《いけんしょ》でのべた「強《つよ》い海軍《かいぐん》をつくるためにはすぐれた人材《じんざい》を育《そだ》てるべき」という主《しゅ》張《ちょう》は、当時《とうじ》の将軍《しょうぐん》・徳川家茂《とくがわいえもち》にとりあげられ、一八六四年《ねん》（元治元年《げんじがんねん》）、海《かい》舟《しゅう》は軍艦奉行《ぐんかんぶぎょう》（幕府海軍《ばくふかいぐん》をとりしきる職《しょく》）になり、勝安房守《かつあわのかみ》とよばれるようになりました。また、神戸《こうべ》に幕府《ばくふ》の海《かい》軍操練所《ぐんそうれんじょ》ができました。この操練所《そうれんじょ》には幕府《ばくふ》の家臣《かしん》以外《いがい》の武士《ぶし》や浪人《ろうにん》も入門《にゅうもん》ができたので、坂本龍馬《さかもとりょうま》⬇28ページも海《かい》舟《しゅう》の門下生《もんかせい》として活躍《かつやく》しました。

しかし、身分《みぶん》の高《たか》い人《ひと》にも、自分《じぶん》の意見《いけん》をどうどうと主張《しゅちょう》する海舟《かいしゅう》は、家《いえ》柄《がら》のある幕府《ばくふ》の重臣《じゅうしん》たちにきらわれ、軍艦奉行《ぐんかんぶぎょう》をやめさせられてしまいました。**倒幕《とうばく》**運動《うんどう》がしだいに高《たか》まるなか、倒幕派《とうばくは》に軍艦《ぐんかん》の知識《ちしき》がつたわるのは危《き》険《けん》だとして、海軍操練所《かいぐんそうれんじょ》も一八六五年《ねん》（元治《げんじ》二年《ねん》）に廃止《はいし》されました。

咸臨丸《かんりんまる》がアメリカにわたるときに海《うみ》があれたため、海舟《かいしゅう》はひどい船《ふな》よいになやまされた。
（「咸臨丸難航図《かんりんまるなんこうず》」木村家所蔵《きむらけしょぞう》 横浜開港資料館保管《よこはまかいこうしりょうかんほかん》）

幕府《ばくふ》の交渉役《こうしょうやく》として

ところが、一八六六年《ねん》（慶応《けいおう》二年《ねん》）に海舟《かいしゅう》はふたたび軍艦奉行《ぐんかんぶぎょう》に任命《にんめい》されました。幕府《ばくふ》は倒幕《とうばく》をめざす長州藩《ちょうしゅうはん》（いまの山口県《やまぐちけん》にあった藩《はん》）をせめていました。各藩《かくはん》にも出兵《しゅっぺい》を命《めい》じていましたが、ひそかに長州《ちょうしゅう》と同盟《どうめい》をむすんだ薩摩藩《さつまはん》（いまの鹿児島県《かごしまけん》にあった藩《はん》）が出兵《しゅっぺい》を拒否《きょひ》し、幕府軍《ばくふぐん》は苦戦《くせん》していました。そこで判断力《はんだんりょく》にすぐれた海舟《かいしゅう》をよびもどしたのです。

海舟《かいしゅう》は、会津藩《あいづはん》（いまの福島県《ふくしまけん》と新潟県《にいがたけん》にまたがっていた藩《はん》）と薩摩藩《さつまはん》をなかよくさせたり、いくさをやめるように長州藩《ちょうしゅうはん》を説得《せっとく》したりしましたが、新《あたら》しい将軍《しょうぐん》・徳川慶喜《とくがわよしのぶ》↓28ページは海舟《かいしゅう》の仕事《しごと》を評価《ひょうか》しなかったので、海舟《かいしゅう》は軍艦奉行《ぐんかんぶぎょう》をやめてしまいました。

大政奉還《たいせいほうかん》と王政復古《おうせいふっこ》の大号令《だいごうれい》

一八六七年《ねん》（慶応《けいおう》三年《ねん》）十月《がつ》十四日《か》、幕府《ばくふ》は朝廷《ちょうてい》に、政治《せいじ》の実権《じっけん》を返《かえ》すと宣言《せんげん》しました（**大政奉還《たいせいほうかん》**）。それをうけて十二月《がつ》九日《か》には、薩摩藩《さつまはん》を中心《ちゅうしん》とする新政府軍《しんせいふぐん》が徳川慶喜《とくがわよしのぶ》から将軍《しょうぐん》の地位《ちい》と領地《りょうち》などをとりあげ、天皇中心《てんのうちゅうしん》の政治《せいじ》をはじめると宣言《せんげん》（**王政復古《おうせいふっこ》の大号令《だいごうれい》**）。ここに江戸幕府《えどばくふ》はたおれ、江戸時代《えどじだい》は終《お》わりました。

この宣言《せんげん》に力《ちから》をえた薩摩藩《さつまはん》ら新政府軍《しんせいふぐん》は旧幕府勢力《きゅうばくふせいりょく》を武力《ぶりょく》で京都《きょうと》から追《お》いだそうと、戦《たたか》いをしかけました（鳥《と》羽《ば》・伏見《ふしみ》の戦《たたか》い）。新《しん》政府軍《せいふぐん》は旧幕府軍《きゅうせいふぐん》をやぶり、江戸《えど》に進《しん》軍《ぐん》してきました。

徳川慶喜《とくがわよしのぶ》は京都《きょうと》の二条城《にじょうじょう》におもな藩《はん》の大名《だいみょう》を集《あつ》め、大政《たいせい》奉還《ほうかん》の意思《いし》をつげた。
（「大政奉還《たいせいほうかん》」邨田丹陵《むらたたんりょう》　聖徳記念絵画館所蔵《せいとくきねんかいがかんしょぞう》）

幕府重臣《ばくふじゅうしん》の小栗忠順《おぐりただまさ》や榎本武揚《えのもとたけあき》は最《さい》後《ご》まで新政府軍《しんせいふぐん》と戦《たたか》おうとしました。しかし、新政府軍《しんせいふぐん》と戦争《せんそう》をすると、そのすきに、イギリスやフランスにせめこまれて日本《にほん》が占領《せんりょう》されるおそれがありました。そこで、海舟《かいしゅう》は降伏《こうふく》して新《しん》政府軍《せいふぐん》にしたがうべきだと考《かんが》えました。

江戸城《えどじょう》の無血開城《むけつかいじょう》

陸軍総裁《りくぐんそうさい》になった海舟《かいしゅう》は、徳川慶喜《とくがわよしのぶ》の同意《どうい》をえて、新政府軍《しんせいふぐん》の西郷隆盛《さいごうたかもり》のところへ山岡鉄舟《やまおかてっしゅう》を使者《ししゃ》として送《おく》りました。↓28ページ江戸城総攻撃《えどじょうそうこうげき》を中止《ちゅうし》してもらうためです。

いっぽうで、交渉《こうしょう》が失敗《しっぱい》したときのための準備《じゅんび》もしました。江戸《えど》の住民《じゅうみん》を避難《ひなん》させたあとのまちに新政府軍《しんせいふぐん》をさそいこみ、湾内《わんない》に配備《はいび》した艦隊《かんたい》から砲撃《ほうげき》して、全滅《ぜんめつ》させる作戦《さくせん》です。

江戸城総攻撃《えどじょうそうこうげき》の直前《ちょくぜん》の一八六八年《ねん》（慶応四年《けいおうねん》）三月十三日《がつにち》と十四日《か》に、海舟《かいしゅう》は隆盛《たかもり》と二回《かい》の会談《かいだん》をもちました。そして、江戸城《えどじょう》や軍艦《ぐんかん》、武器《ぶき》を引《ひ》きわたすかわりに、慶喜《よしのぶ》と幕府《ばくふ》に味方《みかた》した人《ひと》びとに寛大《かんだい》な処置《しょち》をすることを約束《やくそく》させて、攻撃《こうげき》をやめさせました。海舟《かいしゅう》の交渉《こうしょう》で、江戸《えど》のまちと百《ひゃく》五十万《まん》人《にん》の住民《じゅうみん》が戦争《せんそう》にまきこまれずにすんだといわれています。

そして、四月《がつ》十一日《にち》、江戸城《えどじょう》の無血《むけつ》開城《かいじょう》が実現《じつげん》しました。

敵《てき》と味方《みかた》にわかれていたが、海舟《かいしゅう》と隆盛《たかもり》はおたがいに信頼《しんらい》できる人物《じんぶつ》であるとみとめあっていた。

（「江戸開城談判《えどかいじょうだんぱん》」結城素明《ゆうきそめい》　聖徳記念絵画館《せいとくきねんかいがかん》所蔵《しょぞう》）

最後《さいご》の幕臣《ばくしん》としてのつとめ

その後《ご》、海舟《かいしゅう》は明治政府《めいじせいふ》でもさまざまな役職《やくしょく》で、多《おお》くの仕事《しごと》をしました。なかでも、海舟《かいしゅう》がもっとも力《ちから》をいれたのは、徳川慶喜《とくがわよしのぶ》や旧幕府関係者《きゅうばくふかんけいしゃ》の名誉《めいよ》の回復《かいふく》でした。そのおかげで幕末《ばくまつ》には朝廷《ちょうてい》の敵《てき》とされていた慶喜《よしのぶ》も一八九八年《ねん》（明治《めいじ》三十一年《ねん》）には、明治天皇《めいじてんのう》にあうことをゆるされました。

一八九九年《ねん》（明治《めいじ》三十二年《ねん》）一月《がつ》十九日《にち》、海舟《かいしゅう》は病気《びょうき》のために七十七さいでなくなりました。

豆《まめ》ちしき　同時代《どうじだい》の人《ひと》が見《み》た「勝海舟《かつかいしゅう》」

幕《ばく》府《ふ》の人間《にんげん》からはよく思《おも》われていなかった海舟《かいしゅう》ですが、坂本龍馬《さかもとりょうま》や西郷隆盛《さいごうたかもり》は高《たか》く評価《ひょうか》しています。

坂本龍馬《さかもとりょうま》は海舟《かいしゅう》の話《はなし》をきき感動《かんどう》したので、はじめてあったその日《ひ》に海舟《かいしゅう》の門下生《もんかせい》となりました。そして、姉《あね》への手紙《てがみ》に「自分《じぶん》はいま、日本第一《にほんだいいち》の人物《じんぶつ》である勝麟太郎《かつりんたろう》という人《ひと》の弟子《でし》になっている」とかいています。西郷隆盛《さいごうたかもり》も「学問《がくもん》と見識《けんしき》は佐久間象山《さくましょうざん》がすぐれているが、実行《じっこう》では勝《かつ》さんがいちばんだ」と大久保利通《おおくぼとしみち》への手紙《てがみ》にかいています。

また、長崎海軍伝習所《ながさきかいぐんでんしゅうじょ》のオランダ人《じん》教官《きょうかん》は、「勝氏《かつし》はオランダ語《ご》がわかり、ほがらかで親切《しんせつ》だったので、みんなから信頼《しんらい》されていた。とてもかしこく、どのようにすれば人《ひと》が満足《まんぞく》するかをすぐに見《み》ぬく」と評価《ひょうか》しています。

勝海舟《かつかいしゅう》が生《い》きた幕末《ばくまつ》

江戸幕府《えどばくふ》はたおれましたが、幕府《ばくふ》につかえていた人《ひと》びとはあきらめませんでした。

治安悪化《ちあんあっか》からの武力衝突《ぶりょくしょうとつ》

倒幕派《とうばくは》のなかでも、薩摩藩《さつまはん》の西郷隆《さいごうたか》盛《もり》は武力《ぶりょく》によって完全《かんぜん》に幕府《ばくふ》をなくしたいと思《おも》っていました。ところが、一八六七年《ねん》（慶応《けいおう》三年《ねん》）の大政奉還《たいせいほうかん》によって幕府《ばくふ》が政権《せいけん》を手《て》ばなしたため、武力攻撃《ぶりょくこうげき》の理由《りゆう》がなくなりました。

そこで隆盛《たかもり》は、江戸《えど》でさわぎをおこして旧幕府軍《きゅうばくふぐん》と戦《たたか》おうとしました。江《え》戸《ど》城放火《じょうほうか》のうわさが流《なが》れたり、旧幕府《きゅうばくふ》側《がわ》の人間《にんげん》がおそわれるなど、江戸《えど》の治《ち》安《あん》は悪化《あっか》しました。これを薩摩藩《さつまはん》のしわざとした旧幕府方《きゅうばくふがた》の兵士《へいし》が薩摩藩《さつまはん》の屋敷《やしき》を襲撃《しゅうげき》、この事件《じけん》が口火《くちび》となり、旧幕府軍《きゅうばくふぐん》と新政府軍《しんせいふぐん》が鳥羽《とば》・伏見《ふしみ》でぶつかりました（鳥羽《とば》・伏見《ふしみ》の戦《たたか》い）。

鳥羽《とば》・伏見《ふしみ》の戦《たたか》いで負《ま》けて、江戸《えど》へにげかえる徳川慶喜《とくがわよしのぶ》。（徳川治跡年間紀事《とくがわじせきねんかんきじ》 十五代徳川慶喜公《だいとくがわよしのぶこう》 月岡芳年《つきおかよしとし》 早稲田大学図書館所蔵《わせだだいがくとしょかんしょぞう》）

なくなった幕府《ばくふ》のために戦《たたか》いつづけた人《ひと》びと

江戸城《えどじょう》の無血開城後《むけつかいじょうご》も、幕府《ばくふ》につかえていた人間《にんげん》として、最後《さいご》まで新政府《しんせいふ》軍《ぐん》と戦《たたか》おうとする人《ひと》びとがいました。新政府軍《しんせいふぐん》に抵抗《ていこう》して、江戸《えど》では彰義《しょうぎ》隊《たい》が結成《けっせい》されました。江戸《えど》のまちの治《ち》安《あん》をまもっていましたが、新政府軍《しんせいふぐん》と衝突《しょうとつ》をくりかえすうち、一八六八年《ねん》（慶応四年《けいおうねん》）五月《がつ》にいくさとなりました（上野戦争《うえのせんそう》）。彰義隊《しょうぎたい》は新政府軍《しんせいふぐん》にやぶれ、生《い》きのこった兵《へい》は戦《たたか》いながら北《きた》へとにげていきました。

上野戦争《うえのせんそう》の銃弾跡《じゅうだんあと》がのこる黒門《くろもん》。1907年《ねん》に荒川区《あらかわく》の円通寺《えんつうじ》に移築《いちく》された。
（写真提供《しゃしんていきょう》：荒川区《あらかわく》）

本能寺《ほんのうじ》の合戦《かっせん》にみたてて、上野《うえの》戦争《せんそう》を描《えが》いた錦絵《にしきえ》。(野田《のだ》市立《しりつ》図書《としょ》館所蔵《かんしょぞう》)

北上《ほくじょう》する新政府軍《しんせいふぐん》対《たい》旧幕府軍《きゅうばくふぐん》の戦《たたか》い

いっぽう、京都《きょうと》のまちの治安維持《ちあんいじ》をまかされていた会津藩《あいづはん》と、江戸《えど》のまちを警備《けいび》していた庄内藩《しょうないはん》(いまの山形県《やまがたけん》庄内地方《しょうないちほう》にあった藩《はん》)も、最後《さいご》まで新《しん》政府軍《せいふぐん》と戦《たたか》おうとしました。東北地方《とうほくちほう》の各藩《かくはん》は、このふたつの藩《はん》をゆるしてくれるように新政府軍《しんせいふぐん》にたのみましたが、新政府軍《しんせいふぐん》はききませんでした。

とうとう、いまの東北地方《とうほくちほう》と新潟県《にいがたけん》にあった各藩《かくはん》が同盟《どうめい》を組《く》んで新政府軍《しんせいふぐん》と戦《たたか》うことになりました。戦争《せんそう》は東北《とうほく》地方《ちほう》の各地《かくち》に広《ひろ》がり、とくに会津藩《あいづはん》の鶴ヶ城《つるがじょう》(会津若松城《あいづわかまつじょう》)では、女性《じょせい》や子《こ》どもまでも兵士《へいし》として戦《たたか》い、はげしい戦闘《せんとう》が各地《かくち》でおこりました。

東北《とうほく》でも苦戦《くせん》した旧幕府軍《きゅうばくふぐん》は、蝦夷《えぞ》地《ち》(いまの北海道《ほっかいどう》)に入《はい》りました。函《はこ》館《だて》に蝦夷共和国《えぞきょうわこく》をつくって新政府軍《しんせいふぐん》に対抗《たいこう》しようとしましたが、一八六九年《ねん》(明治《めいじ》二年《ねん》)五月《がつ》十八日《にち》、はげしい戦《せん》闘《とう》のすえ、降伏《こうふく》しました。鳥羽《とば》・伏見《ふしみ》の戦《たたか》いからこの函館戦争《はこだてせんそう》までの戦《たたか》いを戊辰戦争《ぼしんせんそう》といいます。

新政府軍《しんせいふぐん》の砲撃《ほうげき》をうけたあとの鶴ヶ城《つるがじょう》。城《しろ》のあちこちがゆがみ、こわれている。(会津若松市所蔵《あいづわかまつししょぞう》)

新政府軍《しんせいふぐん》と旧幕府軍《きゅうばくふぐん》の最後《さいご》の戦場《せんじょう》となった五稜郭《ごりょうかく》。(写真提供《しゃしんていきょう》:函館市《はこだてし》)

勝海舟《かつかいしゅう》とおなじ時代《じだい》に生《い》きた人《ひと》びと

西郷隆盛《さいごうたかもり》（一八二七～一八七七年《ねん》）

薩摩藩《さつまはん》の武士《ぶし》の家《いえ》に生《う》まれる。藩主《はんしゅ》の島津斉彬《しまづなりあきら》にみとめられて出世《しゅっせ》、薩摩《さつま》藩《はん》の中心人物《ちゅうしんじんぶつ》となる。長州藩《ちょうしゅうはん》と同盟《どうめい》をむすび（薩長同盟《さっちょうどうめい》）、倒幕運動《とうばくうんどう》を進《すす》めた。

明治時代《めいじじだい》には新政府《しんせいふ》の中心《ちゅうしん》となったが、大久保利通《おおくぼとしみち》らと意見《いけん》が対立《たいりつ》し、故《こ》郷《きょう》に帰《かえ》る。のちに、明治政府《めいじせいふ》に不満《ふまん》をもつ士族《しぞく》（もと武士《ぶし》）たちとともに西《せい》南戦争《なんせんそう》をおこしてやぶれた。

東京《とうきょう》の上野恩賜公園《うえのおんしこうえん》にある西郷隆盛《さいごうたかもり》の銅像《どうぞう》。

徳川慶喜《とくがわよしのぶ》（一八三七～一九一三年《ねん》）

江戸幕府第《えどばくふだい》十五代将軍《だいしょうぐん》。水戸藩《みとはん》（いまの茨城県《いばらきけん》の中部《ちゅうぶ》と北部《ほくぶ》にあった藩《はん》）の藩主《はんしゅ》・徳川斉昭《とくがわなりあき》のむすことして生《う》まれ、一橋家《ひとつばしけ》の養子《ようし》となる。一八六六年《ねん》（慶応《けいおう》二年《ねん》）に将軍《しょうぐん》となり、幕府《ばくふ》をたてなおそうとするがかなわず、新政府《しんせいふ》で実権《じっけん》をにぎろうと、大政奉還《たいせいほうかん》をおこなった。しかし、無血開城後《むけつかいじょうご》は水戸《みと》、そして駿府《すんぷ》（いまの静岡県《しずおかけん》）で謹慎《きんしん》した。のちに勝海舟《かつかいしゅう》のはたらきによって朝廷《ちょうてい》にゆるされ、一九〇二年《ねん》（明治《めいじ》三十五年《ねん》）に公爵《こうしゃく》の位《くらい》をあたえられた。

江戸幕府《えどばくふ》の最後《さいご》の将軍《しょうぐん》となった徳川慶喜《とくがわよしのぶ》。
（国立国会図書館所蔵《こくりつこっかいとしょかんしょぞう》）

坂本龍馬《さかもとりょうま》（一八三五～一八六七年《ねん》）

土佐藩《とさはん》（いまの高知県《こうちけん》にあった藩《はん》）の下級武士《かきゅうぶし》の家《いえ》に生《う》まれる。海舟《かいしゅう》に弟《で》子《し》いりして神戸海軍操練所《こうべかいぐんそうれんじょ》に入《はい》り、塾《じゅく》頭《とう》（塾生《じゅくせい》の監督《かんとく》）となった。大政奉還《たいせいほうかん》を発案《はつあん》したり、長州藩《ちょうしゅうはん》の桂小五郎《かつらこごろう》（木《き》戸《ど》孝允《たかよし》）と薩摩藩《さつまはん》の西郷隆盛《さいごうたかもり》のあいだをとりもって薩長同盟《さっちょうどうめい》を実現《じつげん》させるなど、新《あたら》しい日本《にほん》をつくりだすために活《かつ》躍《やく》した。明治時代《めいじじだい》がはじまる直前《ちょくぜん》に京《きょう》都《と》で暗殺《あんさつ》された。

1866年《ねん》ごろ長崎《ながさき》で撮影《さつえい》したとされる写真《しゃしん》。（高知県立歴史民俗資料館所蔵《こうちけんりつれきしみんぞくしりょうかんしょぞう》）

ジョン万次郎《まんじろう》（一八二七～一八九八年《ねん》）

本名《ほんみょう》は中浜万次郎《なかはままんじろう》。土佐《とさ》の漁師《りょうし》だったが、十四さいのときに漁《りょう》に出《で》て遭《そう》難《なん》、アメリカの捕鯨船《ほげいせん》に助《たす》けられて、アメリカにわたる。英語《えいご》や数学《すうがく》、航海《こうかい》術《じゅつ》などを勉強《べんきょう》して、日本《にほん》に帰国《きこく》した。幕府《ばくふ》の通訳《つうやく》などをして活躍《かつやく》した。

高知県《こうちけん》の足摺岬《あしずりみさき》には、ジョン万次郎《まんじろう》の銅像《どうぞう》がたっている。

佐久間象山《さくましょうざん》（一八一一～一八六四年《ねん》）

松代藩《まつしろはん》（いまの長野県《ながのけん》にあった藩《はん》）の下級武士《かきゅうぶし》の家《いえ》に生《う》まれる。朱子学《しゅしがく》を学《まな》んで江戸《えど》で塾《じゅく》をひらく。のちに蘭学《らんがく》や西洋砲術《せいようほうじゅつ》も学《まな》び、開国《かいこく》や海防《かいぼう》の重要《じゅうよう》性《せい》をといた。洋学全般《ようがくぜんぱん》に強《つよ》い興味《きょうみ》をもち、地震予知《じしんよち》、電信《でんしん》の実験《じっけん》もおこなった。京都《きょうと》で**尊王攘夷派**《そんのうじょういは》に暗殺《あんさつ》された。

佐久間象山《さくましょうざん》は海舟《かいしゅう》の妹《いもうと》と結婚《けっこん》した。（国立国会《こくりつこっかい》図《と》書館《しょかん》所蔵《しょぞう》）

近藤勇《こんどういさみ》（一八三四～一八六八年《ねん》）

武蔵国多摩《むさしのくにたま》（いまの東京都西部《とうきょうとせいぶ》）の農民《のうみん》の家《いえ》に生《う》まれ、剣術《けんじゅつ》を学《まな》んで天然《てんねん》理心流《りしんりゅう》の宗家《そうけ》（その流派《りゅうは》の当主《とうしゅ》）となる。清河八郎《きよかわはちろう》が組織《そしき》した浪士組《ろうしぐみ》にくわわって京都《きょうと》へ行《い》き、のちに芹沢鴨《せりざわかも》、土《ひじ》方歳三《かたとしぞう》らと新選組《しんせんぐみ》を結成《けっせい》。局長《きょくちょう》として京都《きょうと》の過激《かげき》な尊王攘夷運動《そんのうじょういうんどう》をとりしまる。鳥羽《とば》・伏見《ふしみ》の戦《たたか》いには不参戦《ふさんせん》、関東《かんとう》で新政府軍《しんせいふぐん》につかまり死罪《しざい》となった。

尊王攘夷派《そんのうじょういは》の志士《しし》をおそった池田屋事件《いけだやじけん》で活躍《かつやく》し、新選組《しんせんぐみ》の名《な》を広《ひろ》めた。（国立国会《こくりつこっかい》図《と》書館《しょかん》所蔵《しょぞう》）

福沢諭吉《ふくざわゆきち》（一八三四～一九〇一年《ねん》）

中津藩士《なかつはんし》の子《こ》として、大阪《おおさか》で生《う》まれる。長崎《ながさき》で蘭学《らんがく》を学《まな》んだあと、緒方洪《おがたこう》庵《あん》の適塾《てきじゅく》に入門《にゅうもん》、のちに江戸《えど》に蘭学塾《らんがくじゅく》（いまの慶應義塾大学《けいおうぎじゅくだいがく》）をひらいた。その後《ご》、英語《えいご》を学《まな》び、アメリカやヨーロッパを視察《しさつ》。『西洋事情《せいようじじょう》』『学問《がくもん》のすゝめ《す》』など多《おお》くの本《ほん》をかいて、日本《にほん》の思想《しそう》や学問《がくもん》の進歩《しんぽ》につとめた。

58さいごろの福沢諭吉《ふくざわゆきち》。（国立国会《こくりつこっかい》図《と》書館《しょかん》所蔵《しょぞう》）

もっと知《し》りたい！勝海舟《かっかいしゅう》

勝海舟《かつかいしゅう》ゆかりの場所《ばしょ》、幕末維新《ばくまついしん》の時代《じだい》がわかる博物館《はくぶつかん》、勝海舟《かつかいしゅう》についてかかれた本《ほん》などを紹介《しょうかい》します。

史跡《しせき》 遺跡《いせき》

資料館《しりょうかん》 博物館《はくぶつかん》

勝海舟《かつかいしゅう》についてかかれた本《ほん》

西郷南洲《さいごうなんしゅう》・勝海舟会見之地《かつかいしゅうかいけんのち》

勝海舟《かつかいしゅう》と西郷隆盛《さいごうたかもり》（南州《なんしゅう》は別名《べつめい》）が江戸《えど》城《じょう》の明《あ》けわたしを決《き》めた会談《かいだん》は、薩摩藩《さつまはん》の江戸《えど》屋敷《やしき》でおこなわれた。現在《げんざい》、屋敷《やしき》があった場所《ばしょ》には記念碑《きねんひ》がたっている。

〒108-0014

東京都港区芝《とうきょうとみなとくしば》5-33-8

記念碑《きねんひ》の前面《ぜんめん》（左下《ひだりした》）には、海舟《かいしゅう》と隆盛《たかもり》が会談《かいだん》しているようすをえがいたレリーフがある。

勝海舟夫妻《かつかいしゅうふさい》の墓《はか》

勝海舟《かつかいしゅう》が晩年《ばんねん》をすごした家《いえ》のうらにたてられた墓《はか》。のちに妻《つま》・民《たみ》の墓《はか》もとなりにうつされたため、現在《げんざい》は夫妻《ふさい》の墓《はか》がならんでたっている。

〒145-0063

東京都大田区南千束《とうきょうとおおたくみなみせんぞく》2-14-5

洗足池公園内《せんぞくいけこうえんない》

☎03-3777-1070

（大田区立郷土博物館《おおたくりつきょうどはくぶつかん》）

写真右《しゃしんみぎ》が海舟《かいしゅう》、左《ひだり》が妻《つま》・民《たみ》の墓《はか》。

（写真提供《しゃしんていきょう》：大田区《おおたく》）

幕末維新《ばくまついしん》ミュージアム　霊山歴史館《りょうぜんれきしかん》

幕末《ばくまつ》・明治維新《めいじいしん》の歴史《れきし》を総合的《そうごうてき》に知《し》ることのできる資料館《しりょうかん》。坂本龍馬《さかもとりょうま》、西郷隆盛《さいごうたかもり》などの倒幕派志士《とうばくはしし》の遺品《いひん》のほか、勝海舟《かつかいしゅう》、新《しん》選組《せんぐみ》、徳川慶喜《とくがわよしのぶ》、松平容保《まつだいらかたもり》など幕府側《ばくふがわ》にかんする資料《しりょう》も多《おお》い。映像《えいぞう》や模型《もけい》、さわることのできる資料《しりょう》やクイズなど、楽《たの》しみながら歴史《れきし》を学《まな》べる。

〒605-0861

京都府京都市東山区清閑寺霊山町《きょうとふきょうとしひがしやまくせいかんじりょうぜんちょう》1

☎075-531-3773

http://www.ryozen-museum.or.jp/

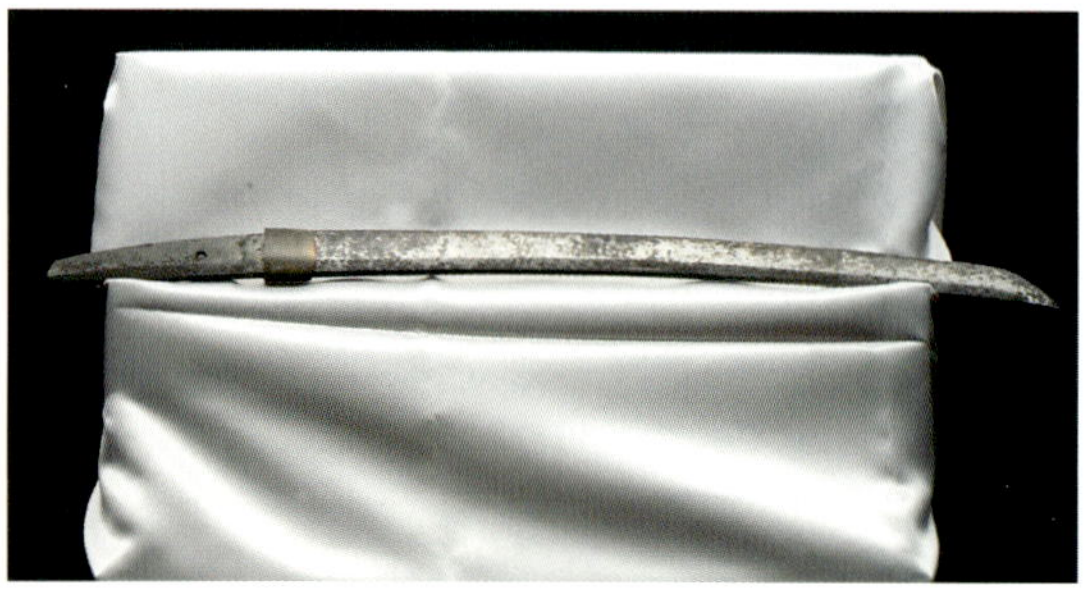

坂本龍馬《さかもとりょうま》をきったといわれている刀《かたな》（上《うえ》）や、徳川慶《とくがわよし》喜《のぶ》11さいのときの書《しょ》（左《ひだり》）など、館内《かんない》には幕末《ばくまつ》に生《い》きていた人《ひと》びとと関係《かんけい》の深《ふか》い展示《てんじ》が多《おお》くある。

（写真提供《しゃしんていきょう》：霊山歴史館《りょうぜんれきしかん》）

『勝海舟《かつかいしゅう》　わが青春《せいしゅん》のポセイドン』

著《ちょ》／古川薫《ふるかわかおる》

小峰書店《こみねしょてん》　2001年《ねん》

勝海舟《かつかいしゅう》の生涯《しょうがい》を、物語調《ものがたりちょう》のわかりやすい文章《ぶんしょう》でえがいている。江戸《えど》っ子《こ》らしい海舟《かいしゅう》の口調《くちょう》やさまざまなエピソードが海舟《かいしゅう》をみぢかに感《かん》じさせてくれる。

さくいん・用語《ようご》解説《かいせつ》

会津藩《あいづはん》……24、27
阿部正弘《あべまさひろ》……22
▼アメリカが開国《かいこく》をせまり、政局《せいきょく》が混《こん》乱《らん》した江戸《えど》時代末期《じだいまっき》に老中《ろうじゅう》をつとめ、さまざまな改革《かいかく》を中心《ちゅうしん》となっておこなった（安政《あんせい》の改革《かいかく》）。
上野戦争《うえのせんそう》……26
蝦夷共和国《えぞきょうわこく》……27
江戸幕府《えどばくふ》（幕府《ばくふ》）……22、23、24、25、26、28、29
王政復古《おうせいふっこ》の大号令《だいごうれい》……24
▼大政奉還《たいせいほうかん》の約《やく》二か月後《げつご》の一八六七年《ねん》十二月《がつ》九日《か》に、江戸幕府《えどばくふ》の廃止《はいし》や、幕府《ばくふ》の摂政《せっしょう》・関白《かんぱく》の役職《やくしょく》のかわりに総裁《そうさい》・議定《ぎじょう》・参与《さんよ》の三つの官職《かんしょく》を置《お》くことなどを決定《けってい》し、天皇《てんのう》による新《しん》政府《せいふ》の成立《せいりつ》を宣言《せんげん》したこと。
大久保一翁《おおくぼいちおう》……22
大久保利通《おおくぼとしみち》……25、28
桂小五郎《かつらこごろう》（木戸孝允《きどたかよし》）……28
咸臨丸《かんりんまる》……23
旧幕府軍《きゅうばくふぐん》……24、26、27
軍艦奉行《ぐんかんぶぎょう》……23、24
神戸海軍操練所《こうべかいぐんそうれんじょ》……23、28
近藤勇《こんどういさみ》……29
西郷隆盛《さいごうたかもり》……25、26、28
坂本龍馬《さかもとりょうま》……23、25、28
佐久間象山《さくましょうざん》……25、29
鎖国《さこく》……23
薩長同盟《さっちょうどうめい》……28
薩摩藩《さつまはん》……24、26、28
私塾《しじゅく》……22
▼学者《がくしゃ》がすぐれた人物《じんぶつ》を育《そだ》てるために、高度《こうど》で専門的《せんもんてき》な教育《きょういく》をおこなう塾《じゅく》。
彰義隊《しょうぎたい》……26
庄内藩《しょうないはん》……27
ジョン万次郎《まんじろう》……23、29
新政府軍《しんせいふぐん》……24、25、26、27、29
新選組《しんせんぐみ》……29
西南戦争《せいなんせんそう》……28
尊王攘夷派《そんのうじょういは》……29
▼天皇中心《てんのうちゅうしん》の政治《せいじ》にして外国勢力《がいこくせいりょく》を追《お》いはらい、日本《にほん》を守《まも》ろうと考《かんが》える人《ひと》びと。
大政奉還《たいせいほうかん》……24、26、28
▼一八六七年《ねん》十月《がつ》十四日《か》に、江戸幕府《えどばくふ》の第《だい》十五代将軍《だいしょうぐん》・徳川慶喜《とくがわよしのぶ》が政権《せいけん》を明《めい》治天皇《じてんのう》に返上《へんじょう》することを申《もう》しいれ、翌日《よくじつ》に朝廷《ちょうてい》がそれをうけいれたこと。
長州藩《ちょうしゅうはん》……24、28
朝廷《ちょうてい》……24、28
鶴ヶ城《つるがじょう》（会津若松城《あいづわかまつじょう》）……27
倒幕《とうばく》……23、24、26、28
▼江戸幕府《えどばくふ》を打倒《だとう》すること。
徳川家茂《とくがわいえもち》……23
徳川慶喜《とくがわよしのぶ》……24、25、28
土佐藩《とさはん》……28
鳥羽《とば》・伏見《ふしみ》の戦《たたか》い……24、26、27、29
永井青崖《ながいせいがい》……22
長崎海軍伝習所《ながさきかいぐんでんしゅうじょ》……23、25
日米修好通商条約《にちべいしゅうこうつうしょうじょうやく》……23
▼一八五八年《ねん》に江戸幕府《えどばくふ》とアメリカ合《がっ》衆国《しゅうこく》のあいだで結《むす》ばれた貿易《ぼうえき》についてのとりきめ。日本《にほん》にとっては、不《ふ》利《り》なものだった。
函館戦争《はこだてせんそう》……27
旗本《はたもと》……22
▼徳川幕府直属《とくがわばくふちょくぞく》の家臣《かしん》で、一万石以下《まんごくいか》の武士《ぶし》。
福沢諭吉《ふくざわゆきち》……23、29
ペリー……22
戊辰戦争《ぼしんせんそう》……27
無血開城《むけつかいじょう》……25、26、28
明治政府《めいじせいふ》……25、28
山岡鉄舟《やまおかてっしゅう》……25
蘭学《らんがく》……22、29
▼江戸《えど》時代《じだい》にオランダを通《つう》じて日本《にほん》に入《はい》ってきたヨーロッパの学術《がくじゅつ》・文化《ぶんか》や技術《ぎじゅつ》のこと。
老中《ろうじゅう》……22

■監修

大石　学（おおいし　まなぶ）

1953年東京都生まれ。東京学芸大学大学院修士課程修了。現在、東京学芸大学教授。日本近世史学者。編著書に『江戸の教育力　近代日本の知的基盤』（東京学芸大学出版会）、『地名で読む江戸の町』（PHP研究所）、『吉宗と享保の改革　教養の日本史』（東京堂出版）、『新選組―「最後の武士」の実像』（中央公論新社）などがある。

監修協力：杉本寛郎
（所沢市生涯学習推進センター　ふるさと研究グループ）

■文（2～21ページ）

西本　鶏介（にしもと　けいすけ）

1934年奈良県生まれ。評論家・民話研究家・童話作家として幅広く活躍する。昭和女子大学名誉教授。各ジャンルにわたって著書は多いが、伝記に『心を育てる偉人のお話』全3巻、『徳川家康』、『武田信玄』、『源義経』、『独眼竜政宗』（ポプラ社）、『大石内蔵助』、『宮沢賢治』、『夏目漱石』、『石川啄木』（講談社）などがある。

■絵

おくやま　ひでとし

1955年山形県生まれ。玉川大学文学部芸術学科油絵専攻卒業。きむらゆういち主催ゆうゆう絵本講座4期生。作画などに、紙芝居『だましりとり』（きむらゆういち作、教育画劇）、『ズンゴロモンゴロ』（ベネッセチャンネルすくすくのうた）、絵本『てをつなごう』（共著、今人舎）などがある。

企画・編集　こどもくらぶ
装丁・デザイン　長江　知子
DTP　株式会社エヌ・アンド・エス企画

■主な参考図書

『勝海舟』著／石井孝　吉川弘文館　1974年
『新撰組情報館』編著／大石学　教育出版　2004年
『交渉人　勝海舟　対話と圧力、駆け引きの名手』著／鈴村進　ダイヤモンド社　2010年
『総図解　よくわかる幕末・維新』編／結喜しはや　新人物往来社　2010年
『山川　詳説日本史図録』（第３版）編／詳説日本史図録編集委員会　山川出版社　2010年

よんで しらべて 時代がわかる　ミネルヴァ日本歴史人物伝
勝海舟
――徳川幕府の最後の交渉人――

2013年２月20日　初版第１刷発行　検印廃止

定価はカバーに表示しています

監修者　大石学
文　西本鶏介
絵　おくやまひでとし
発行者　杉田啓三
印刷者　金子眞吾

発行所　株式会社 ミネルヴァ書房
607-8494　京都市山科区日ノ岡堤谷町１
電話 075-581-5191／振替 01020-0-8076

印刷・製本　凸版印刷株式会社

ISBN978-4-623-06421-2
NDC281/32P/27cm
Printed in Japan

よんでしらべて 時代がわかる

ミネルヴァ 日本歴史人物伝

卑《ひ》弥《み》呼《こ》
監修 山岸良二 文 西本鶏介 絵 宮嶋友美

聖《しょう》徳《とく》太《たい》子《し》
監修 山岸良二 文 西本鶏介 絵 たごもりのりこ

小《お》野《のの》妹《いも》子《こ》
監修 山岸良二 文 西本鶏介 絵 宮本えつよし

中《なかの》大《おお》兄《えの》皇《おう》子《じ》
監修 山岸良二 文 西本鶏介 絵 山中桃子

鑑《がん》真《じん》
監修 山岸良二 文 西本鶏介 絵 ひだかのり子

聖《しょう》武《む》天《てん》皇《のう》
監修 山岸良二 文 西本鶏介 絵 きむらゆういち

清《せい》少《しょう》納《な》言《ごん》
監修 朧谷寿 文 西本鶏介 絵 山中桃子

紫《むらさき》式《しき》部《ぶ》
監修 朧谷寿 文 西本鶏介 絵 青山友美

平《たいらの》清《きよ》盛《もり》
監修 木村茂光 文 西本鶏介 絵 きむらゆういち

源《みなもとの》頼《より》朝《とも》
監修 木村茂光 文 西本鶏介 絵 野村たかあき

源《みなもとの》義《よし》経《つね》
監修 木村茂光 文 西本鶏介 絵 狩野富貴子

北《ほう》条《じょう》時《とき》宗《むね》
監修 木村茂光 文 西本鶏介 絵 山中桃子

足《あし》利《かが》義《よし》満《みつ》
監修 木村茂光 文 西本鶏介 絵 宮嶋友美

雪《せっ》舟《しゅう》
監修 木村茂光 文 西本鶏介 絵 広瀬克也

織《お》田《だ》信《のぶ》長《なが》
監修 小和田哲男 文 西本鶏介 絵 広瀬克也

豊《とよ》臣《とみ》秀《ひで》吉《よし》
監修 小和田哲男 文 西本鶏介 絵 青山邦彦

細《ほそ》川《かわ》ガラシャ
監修 小和田哲男 文 西本鶏介 絵 宮嶋友美

伊《だ》達《て》政《まさ》宗《むね》
監修 小和田哲男 文 西本鶏介 絵 野村たかあき

徳《とく》川《がわ》家《いえ》康《やす》
監修 大石学 文 西本鶏介 絵 宮嶋友美

春《かす》日《がの》局《つぼね》
監修 大石学 文 西本鶏介 絵 狩野富貴子

徳《とく》川《がわ》家《いえ》光《みつ》
監修 大石学 文 西本鶏介 絵 ひるかわやすこ

近《ちか》松《まつ》門《もん》左《ざ》衛《え》門《もん》
監修 大石学 文 西本鶏介 絵 野村たかあき

杉《すぎ》田《た》玄《げん》白《ぱく》
監修 大石学 文 西本鶏介 絵 青山邦彦

伊《い》能《のう》忠《ただ》敬《たか》
監修 大石学 文 西本鶏介 絵 青山邦彦

歌《うた》川《がわ》広《ひろ》重《しげ》
監修 大石学 文 西本鶏介 絵 野村たかあき

勝《かつ》海《かい》舟《しゅう》
監修 大石学 文 西本鶏介 絵 おくやまひでとし

西《さい》郷《ごう》隆《たか》盛《もり》
監修 大石学 文 西本鶏介 絵 野村たかあき

大《おお》久《く》保《ぼ》利《とし》通《みち》
監修 安田常雄 文 西本鶏介 絵 篠崎三朗

坂《さか》本《もと》龍《りょう》馬《ま》
監修 大石学 文 西本鶏介 絵 野村たかあき

福《ふく》沢《ざわ》諭《ゆ》吉《きち》
監修 安田常雄 文 西本鶏介 絵 たごもりのりこ

板《いた》垣《がき》退《たい》助《すけ》
監修 安田常雄 文 西本鶏介 絵 青山邦彦

伊《い》藤《とう》博《ひろ》文《ぶみ》
監修 安田常雄 文 西本鶏介 絵 おくやまひでとし

小《こ》村《むら》寿《じゅ》太《た》郎《ろう》
監修 安田常雄 文 西本鶏介 絵 荒賀賢二

野《の》口《ぐち》英《ひで》世《よ》
監修 安田常雄 文 西本鶏介 絵 たごもりのりこ

与《よ》謝《さ》野《の》晶《あき》子《こ》
監修 安田常雄 文 西本鶏介 絵 宮嶋友美

宮《みや》沢《ざわ》賢《けん》治《じ》
文 西本鶏介 絵 黒井健

27cm　32ページ　NDC281　オールカラー
小学校低学年～中学生向き

日《に》本《ほん》の歴史《れきし》年表《ねんぴょう》

時代《じだい》	年《ねん》	できごと	このシリーズに出《で》てくる人物《じんぶつ》
旧石器時代《きゅうせっきじだい》	四〇〇万年前《まんねんまえ》～	採集《さいしゅう》や狩《か》りによって生活《せいかつ》する	
縄文時代《じょうもんじだい》	一三〇〇〇年前《ねんまえ》～	縄文土器《じょうもんどき》がつくられる	
弥生時代《やよいじだい》	前《ぜん》四〇〇年《ねん》ごろ～	稲作《いなさく》、金属器《きんぞくき》の使用《しよう》がさかんになる	
		小《ち》さな国《くに》があちこちにできはじめる	卑弥呼《ひみこ》
古墳時代《こふんじだい》	二五〇年《ねん》ごろ～	大和朝廷《やまとちょうてい》の国土統一《こくどとういつ》が進《すす》む	
飛鳥時代《あすかじだい》	五九三	聖徳太子《しょうとくたいし》が摂政《せっしょう》となる	聖徳太子《しょうとくたいし》
	六〇七	小野妹子《おののいもこ》を隋《ずい》におくる	小野妹子《おののいもこ》
	六四五	大化《たいか》の改新《かいしん》	中大兄皇子《なかのおおえのおうじ》
	七〇一	大宝律令《たいほうりつりょう》ができる	
奈良時代《ならじだい》	七一〇	都《みやこ》を奈良《なら》（平城京《へいじょうきょう》）にうつす	鑑真《がんじん》
	七五二	東大寺《とうだいじ》の大仏《だいぶつ》ができる	聖武天皇《しょうむてんのう》
平安時代《へいあんじだい》	七九四	都《みやこ》を京都《きょうと》（平安京《へいあんきょう》）にうつす	
		藤原氏《ふじわらし》がさかえる	清少納言《せいしょうなごん》
		『源氏物語《げんじものがたり》』ができる	紫式部《むらさきしきぶ》
	一一六七	平清盛《たいらのきよもり》が太政大臣《だいじょうだいじん》となる	平清盛《たいらのきよもり》
	一一八五	源氏《げんじ》が平氏《へいし》をほろぼす	
鎌倉時代《かまくらじだい》	一一九二	源頼朝《みなもとのよりとも》が征夷大将軍《せいいたいしょうぐん》となる	源頼朝《みなもとのよりとも》 源義経《みなもとのよしつね》
	一二七四	元《げん》がせめてくる	北条時宗《ほうじょうときむね》
	一二八一	元《げん》がふたたびせめてくる	
	一三三三	鎌倉幕府《かまくらばくふ》がほろびる	
南北朝《なんぼくちょう》時代《じだい》	一三三六	朝廷《ちょうてい》が南朝《なんちょう》と北朝《ほくちょう》にわかれ対立《たいりつ》する	
	一三三八	足利尊氏《あしかがたかうじ》が征夷大将軍《せいいたいしょうぐん》となる	
	一三九二	南朝《なんちょう》と北朝《ほくちょう》がひとつになる	足利義満《あしかがよしみつ》